20 mars 1895

VENTE DU MERCREDI 20 MARS 1895

HOTEL DROUOT, SALLE N° 10

CHASSES ET COURSES

COLLECTION D'ESTAMPES

ŒUVRE DE ROWLANDSON

1895

EXPOSITION PUBLIQUE

Le Mardi 19 Mars 1895, de 2 heures à 5 heures.

Mᵉ MAURICE DELESTRE	M. JULES BOUILLON
Commissaire-Priseur	Marchand d'estampes de la Bibl. nationale.
27, RUE DROUOT	3, RUE DES SAINTS-PÈRES

PARIS

PARIS

IMPRIMERIE DE D. DUMOULIN ET Cie

5, rue des Grands-Augustins, 5

CATALOGUE

D'UNE TRÈS BELLE

COLLECTION D'ESTAMPES

CATALOGUE

D'UNE TRÈS BELLE

COLLECTION D'ESTAMPES

RELATIVES

AU SPORT, CHASSES ET COURSES

ŒUVRE DE ROWLANDSON

PIÈCES EN NOIR ET EN COULEUR

DESSINS ET LIVRES ANGLAIS

ILLUSTRÉS PAR ROWLANDSON, CRUIKSHANK, ALKEN, ETC.

PROVENANT DE LA COLLECTION D'UN AMATEUR

DONT LA VENTE AUX ENCHÈRES PUBLIQUES AURA LIEU

HOTEL DES COMMISSAIRES-PRISEURS

RUE DROUOT, N° 9, SALLE N° 10

Le Mercredi 20 Mars 1895, à 2 heures

Par le ministère
de Me MAURICE DELESTRE, commissaire-priseur, rue Drouot, 27.

Assisté de M. JULES BOUILLON,
marchand d'estampes de la Bibliothèque nationale,
3, rue des Saints-Pères.

EXPOSITION PUBLIQUE

Le Mardi 19 Mars 1895, de 2 heures à 5 heures.

CONDITIONS DE LA VENTE

Elle sera faite au comptant.

Les acquéreurs payeront *cinq pour cent* en sus des enchères, applicables aux frais.

M. Jules Bouillon, chargé de la direction de la vente, se réserve la faculté de rassembler ou de diviser les lots.

Cette petite collection ne contient que des estampes de première qualité et presque toutes sont d'une fraîcheur exceptionnelle; ce serait monotone de le répéter à chaque numéro. Mais nous voulons simplement faire observer que ces épreuves sont en tirage de choix, avec le coloris de l'époque; en un mot des premières éditions; *si nous pouvons nous exprimer ainsi en parlant de gravures.*

Il faut remarquer que presque toutes les planches gravées de l'œuvre d'Alken, de Turner, de John Dean Paul, de James Pollard, etc., existent encore de nos jours en Angleterre ou en Allemagne.

Les gravures de l'École anglaise relatives au Sport ne sont réellement charmantes et désirables qu'en tirage ancien, coloriées à l'époque, tirées sur beau papier Whatman.

Celles que nous mettons en vente ici ont été presque toutes mises en couleur sinon toujours par les artistes eux-mêmes, du moins sous leur direction. Il est facile de le constater en voyant la finesse et la qualité du coloris de chaque épreuve.

En un mot, chaque pièce est une épreuve authentique, du meilleur tirage, généralement en parfait état de conservation. Les estampes en belle condition choisie deviennent journellement de plus en plus rares!

DÉSIGNATION

ESTAMPES

ACKERMANN (Published by)

1 — Pedestrian Hobbyhorse. Pièce curieuse sur les premiers vélocipèdes, publiée en 1819.

Très belle épreuve en couleur, avec légende en bas.

ALKEN (H.)

2 — Pigeon Shooting. This plate represents the Members of the Red House Club (Battersea), shooting for the Gold Cup ; terminé à l'aquatinte par R. G. Reeve et dédié aux membres du Cercle.

Cette pièce en couleur donne une idée du tir aux pigeons dans les premières années du XIXe siècle (1828). C'est à Red House Club, Battersea (près Londres) que ce sport a pris naissance. Elle est d'une extrême rareté, superbe d'épreuve, et avec toute sa marge.

ALKEN (H.)

3 — Going out of Kennel, — Finding (In a bog), — Coursers tying up their dogs, fearful of Spoiling sport, — Crossing the river Avon, — The chase, — Hold hard, — The death and treeing, — The Return home. Suite de huit pièces en couleur d'après W. P. Hodges esq., connues sous le nom de : Chasses du Duc de Beaufort, à qui elles sont dédiées, publiées par Mac Lean en 1833.

Superbes épreuves avec marges. Très rares.

4 — The Walk, — Weighing and Rubbing Down, — Starting, — The Race. Coming in. Suite de quatre pièces en couleur terminées à l'aquatinte par T. Sutherland et publiées par Th. Mac Lean.

Superbes épreuves, encadrées.

ALKEN (d'après H.)

5 — Six Prints of a fox chase from drawings by Henry Alken. London pub. 1st May 1821 by S. and J. Fuller. Les six sujets en couleur et le titre dans un même cadre.

Superbes épreuves. Très rares.

ALKEN (d'après H.)

6 — The Leap, gravé par H. Pyall et publié par G. Tregear en 1832, en couleur.

Très belle épreuve, marge.

7 — A Fine Young English Gentleman, one of the Modern Time, gravé par Ch. Hunt, en couleur. C'est le portrait du comte d'Orsay.

Très belle épreuve, encadrée.

8 — A Steeple chase. 1st, 2nd, 3rd, 4th, and last mile. Suite de quatre pièces en couleur gravées par C. Hunt et publiées en 1832 par G. S. Tregear.

Très belles épreuves, encadrées. Rares.

9 — Leicestershire. Suite de quatre pièces en couleur, sujets de chasses gravées par Fielding, montées sur châssis.

ALKEN ET REEVE

10 — The Cock-Tails Done. Fifty minutes in the Vale of Blackmore and twenty on the Hills without a check, d'après Hodges, en couleur, publié par MacLean, 1834.

Superbe épreuve, marge. Rare.

BOXE (Pièces sur la)

11 — Anonymes. *Ned Painter*, célèbre boxeur anglais du commencement du siècle (1787-1853). A la manière noire.

Très belle épreuve sans marges. Rare.

12 — *John Smith* dit *Buckhorse*, célèbre boxeur anglais du milieu du xviiie siéle. Des auteurs contemporains le citent comme l'homme le plus laid de son époque. In-fol. en manière noire.

Superbe épreuve avant toute lettre, de la plus grande rareté.

13 — Molineaux, — Thos Belcher, — Thos Cribb, — Dutch Sam, représentés en pose au moment de boxer. Suite de quatre pièces in-4, en couleur.

Très belles épreuves. Rares.

14 — Going to a fight, exhibiting the sporting World, fifty years ago, in all its variety of style and costume along the road from Hyde Park Corner to Moulsey Hurst. Gravure sur bois, donnée comme supplément par The Illustrated Sporting News.

BOXE (Pièces sur la)

14 *bis* — Combat de Sam Hurst et de Jim Mace.

Trois pièces. Feuilles vendues à l'époque (1861) dans les rues de Londres le soir d'une lutte importante, donnant les détails du combat, le résultat, etc. Rarissimes.

15 — Banks (J. H.). *Alexander Reed*. Age 37. October 30th 1839, d'après T. Smart, représenté en pose, avec spectateurs dans le fond. Publié par J. Moore en 1841.

Très belle épreuve en couleur, restaurée.

16 — Clemens (James) et Penman (John). To the Admirers of British Courage. Representation of the Great Contest between *Spring and Langan*, upon Worcester Race Course; Jan. 7th 1824, for the Championship of England.

Belle pièce en couleur, publiée par les auteurs en 1824. Gravure représentant une des plus importantes luttes pour le championnat du commencement du siècle. Les personnages sont des célébrités connues de l'époque; entre autres nous voyons lord Deerhurst, fils aîné de lord Coventry, avec son célèbre attelage à quatre.

Superbe épreuve avec marge. Très rare.

17 — Cruikshank (George). Tom Jerry et Logic chez Cribb, surnommé le Champion de l'Angleterre. En couleur.

Très belle épreuve, encadrée.

BOXE (Pièces sur la)

18 — The Boxing Baroness. Portrait de *Mary Pearce*, dite Lady Barrymore; elle était très connue à Londres vers 1801, étant de première force dans l'art de la boxe.

Très belle épreuve en couleur. Rare.

19 — Denn (C.). *Young Norley*, représenté en pose de boxeur; en bas, une légende indiquant les assauts où il fut vainqueur. Publié par J. Moore en 1847.

Très belle épreuve.

20 — Fores (published by S. W.). *Thos Spring*, Champion of England, 1823.

Très belle épreuve à l'eau-forte.

21 — Giles (J. W.). *Ben Caunt*, Champion of England, en pose de boxeur. Publié en 1843 par J. Moore.

Très belle épreuve.

22 — Grozer (J.). The Boxing Match between Richard Humphreys and Daniel Mendoza, at Odiham in Hampshire, on the 9th of January, 1788. D'après S. Einsle, 1788.

Superbe épreuve d'une pièce très rare, imprimée en bistre.

BOXE (Pièces sur la)

23 — HENNING (d'après A. S.). *Walker* (Johnny). The Champion of light weights, représenté en pose de boxeur, avec les spectateurs dans le fond. Gravé par G. Hunt et publié en 1843, par J. Walker et J. Moore.

Très belle épreuve.

24 — HUNT (Ch.). *Bendigo,* Champion of England, en pose de boxeur. Publié en 1846, par J. Moore.

Très belle épreuve.

25 — JACKSON (d'après J.). *Tom Cribb*, Champion of England. Gravé par G. Hunt et publié en 1842 par J. Moore.

Très belle épreuve.

26 — MEYER (d'après H.). *Deaf Burke*, représenté en pose de Boxeur. Gravé par Ch. Hunt et publié en 1839 par J. Moore, en couleur.

Superbe épreuve, marge.

27 — MOORE (published by J.). The Phenomenon. *Young Dutch Sam*. Taken immediately after his defeat of Ned Neale. Publié en 1846.

Très belle épreuve.

BOXE (Pièces sur la)

28 — Newbold (published by). ***Heenan*** (John C.). ***Tom King.*** Deux portraits de boxeurs célèbres, publiés en 1860 et 1862, en couleur.

Très belles épreuves.

29 — *Gillam* (William), Champion of the light weights. *In-fol.* en pied, en pose de boxeur, publié en 1859, en couleur.

Très belle épreuve.

30 — Rowbotham et J. Brown (d'après). The great contest between Sayers and Heenan. The fight lasted 2 h. 6. m. and resulted in a draw, fought near Farnborough on the 17th April 1860. Gravé par J. R. Mackrell and J. B. Rowbotham, avec le trait explicatif donnant les noms des spectateurs.

Très belle épreuve.

31 — Rowlandson (T.). The famous Battle between Richard Humphreys and Daniel Mendoza, fought at Odiham in Hampshire January 9th 1788. — Sur cette planche, outre les deux combattants, sont représentés Mr Moravia, Allen, Tring, Johnson, Jacobs et Isaacs.

BOXE (Pièces sur la)

Pièce en couleur publiée chez S. W. Fores en 1788.

Très belle épreuve. Rare.

32 — Woolnoth (T.). James Ward, Champion of England, As he fought Tom Cannon for 10 000 Souvr[s] 1835, d'après Finnje. En bas, une inscription indiquant tous les assauts où il fut vainqueur. In-fol. publié par J. Ward en 1835.

Très belle épreuve.

BUNBURY

33 — How to lose your way. In-4, en couleur.

Belle épreuve, encadrée.

CAMPION et HERRING (d'après)

34 — Prix Spécial de 5 000 francs, Chantilly, May, 1841. Deux pièces en couleur faisant pendants, gravées par Hunt et publiées par J. Moore en 1841, avec dédicace au Duc d'Orléans.

Superbes épreuves. Rares.

COLLYER (J.) ET BURNEY (E.-F.)

35 — This View of the Noblemen's and Gentlemen's trains of running horses, with Grooms and horses in their full liveries, taking their Exercise up the Warren Hill, East of the Town of Newmarket. Pièce dédiée au Prince de Galles (qui devint George IV, roi d'Angleterre).

Superbe épreuve en couleur d'une des plus jolies pièces de sport de l'école anglaise. Elle est ici d'autant plus intéressante que nous en possédons le texte explicatif qui se vendait avec à l'époque (1790). Les personnages que l'on remarque dans cette composition sont des portraits. Il y a le prince de Galles, le duc d'York, le duc d'Orléans (Philippe-Égalité), le duc de Bedford, le colonel Thornton, James Fox, etc., etc. Très rare et unique avec l'explication.

COOPER (d'après ABRAHAM)

36 — Fleur-de-Lis. Gravée par Thomas Lupton et publiée à Londres en 1827. Cheval de course célèbre et importé en France comme poulinière en 1837 par Mr Lupin, qui l'acheta à la vente du haras Royal d'Angleterre qui eut lieu au Palais de Hampton Court après la mort du Roi Guillaume IV.

Superbe épreuve.

COOPER (d'après Abraham)

37 — La même estampe.

Superbe épreuve avant toute lettre et avec toute sa marge. La rareté de cette pièce dans cet état et dans une condition de conservation aussi parfaite doit être insigne. Malgré nos recherches nous n'avons trouvé aucune trace de sa présence en premier état dans les ventes françaises ou anglaises des trente dernières années.

38 — John Day sur « The Hero » (1843). Gravé par C. Hunt.

Superbe épreuve avant toute lettre.

39 — La même estampe, en couleur.

Superbe épreuve, encadrée.

40 — Crib and Rosa. Deux célèbres chiens de combat dans une cour. The Property of Harry Verelst. Gravé par J. Scott, en couleur.

Très belle épreuve, encadrée.

CRUICKSHANK (George)

41 — Going to the Races. Caricature sur les vélocipèdes, publiée en 1819 par Tegg, en couleur.

Belle épreuve, encadrée.

DAVIS (d'après)

42 — Taking the Stag, — Running, — The Meeting Place, — The Return Home. Suite de quatre pièces en couleur, gravées par Himely.

Superbes épreuves, encadrées.

DUBOURG (M.)

43 — The Mail Guard, d'après J. L. A., en couleur. Publié en 1825 par J. Watson.

Très belle épreuve, très grande marge. Rare.

EARLOM (Richard)

44 — Colonel Mordaunt's Cock Match, at Lucknow, in the province of Oude, in the year 1786, at which were present several high and distinguished personages, d'après Zoffany. Publié par R. Sayer en 1792.

Superbe épreuve, grande marge.

45 — La même estampe, en couleur.

Très rare épreuve avec le trait explicatif. Encadrée.

46 — Portraits of hounds, in the hunting hall at Houghton, d'après Wooton, 1780.

Belle épreuve, encadrée.

EDWARDS (W.-C.)

47 — Frank Buckle, d'après R. Jones. In-fol. Jockey célèbre à la fin du siècle dernier, et au commencement du XIXe. A monté tous les chevaux célèbres de son époque. A gagné cinq fois le Derby d'Epsom, deux fois le Saint-Léger et neuf fois les Oaks.

Très belle épreuve sur chine. Rare. Encadrée.

FERNELY

48 — Adresses de *R. Ackerman* jeune, éditeur de tous les sujets de chasse et de course, chevaux célèbres, publiés à Londres pendant la première moitié de ce siècle. Deux compositions différentes. Rares.

FRANKLAND (d'après Robert)

49 — Eight representations of Shooting engraved by Woodman and Turner, from Drawings by Robert Frankland Esq. Suite complète en couleur publiée à Cambridge le 1er septembre 1813. Chez W. D. Jones.

Superbes épreuves dans la couverture de publication. Très rares.

FULLER (published by S. et J.)

50 — Doing it Somehow, — Doing the thing well, — Giving dribblers the go bye, — Doing the Down Leap, — The Down Leap done. Suite de quatre pièces en couleur publiées en 1818.

Superbes épreuves, encadrées.

51 — Morning, — Afternoon. Deux pièces en couleur faisant pendants, publiées en 1818.

Très belles épreuves, encadrées.

GILBERT (d'après J.-F.)

52 — Priam winning the Gold Cup in 1831, on Goodwood Race Course. Gravé par J. Clarke et dédiée au Duc de Richmond, en couleur.

Superbe épreuve, toutes marges. Très rare.

GILLRAY (G.)

53 — A Sale of English Beauties, in the East-Indies. Grande et belle pièce en largeur publiée en 1786, par W. Holland, en couleur.

Très belle épreuve.

HERRING (d'après J.-F.)

54 — Sir Tatton Sykes, Winner of the Doncaster Great Saint-Leger 1846, the property of Mr William Scott. Gravé par J. R. Mackrel et colorié par G. Simpson.

Sir Tatton Sykes fut le père de Ronzi, à Mme Latache de Fay, qui gagna le prix de Diane à Chantilly en 1855.
Superbe épreuve, marge. Rare.

HOWARD (d'après Frank)

55 — The Derby Won (Le Derby gagné). Gravé par E. Duncan.

Cette gravure représente le retour au pesage après la course du Derby à Epsom en 1833, gagné par *Dangerous*. Magnifique épreuve d'essai avant toute lettre, avant de légers travaux. Les indications pour la lettre sont ic écrites au crayon; le trait entourant la pièce est dessiné à la plume; elle est gravée à l'eau-forte pure, mais finement coloriée, évidemment par Howard lui-même. Dans cet état, elle a plutôt l'aspect d'une aquarelle. Extrêmement rare et certainement unique en aussi belle condition.

JONES (d'après S.-J.-E.)

56 — Horses Watering, — Horses Going to a Fair, — Royal Mails Starting from the Post Office, — Stagecoach. Suite de quatre pièces en couleur, gravées par Himely.

Superbes épreuves, encadrées.

JONES (d'après S. J. E.)

57 — Horses Watering, — Horses Going to a Fair. Deux pièces faisant pendants, gravées par W. Fellows et publiées par J. Moore, en couleur.

Superbes épreuves, marges.

JAZET

58 — Les Cosaques aux Champs-Élysées, — Promenade en traîneau à Krasnoë-Kabach. Deux pièces en couleur d'après Sauerweid.

Superbes épreuves avant toute lettre. Encadrées.

KINNARD (d'après W.)

59 — View of a Triumphal Arch, proposed to be erected at Hyde Park Corner, commemorative of the victories achieved British Arms during the Reign of his Majesty King George the Third. Dédié à S. A. R. le Prince George, Régent du Royaume-Uni, gravé par Atkinson, T. Baxter et D. Havell, en couleur.

Superbe épreuve, encadrée.

LANE (T.)

60 — Silencing a Charley. Caricature publiée par G. Humphrey en 1822, en couleur.

Très belle épreuve, encadrée.

MORTON (d'après G.)

61 — The New Steam Carriage. Gravé par Pyall et publié par Mac Lean. En couleur.

Très belle épreuve.

PAUL (John-Dean)

62 — *Leicestershire.* A Struggle for the Start, — The first ten minutes, shaking off the Cocktails, — Symptoms of a Skurry in a pewy Country, — The Death. Suite de quatre pièces en couleur, encadrées.

Superbes épreuves. Très rares.

PETER TILLEMANS (1684-1735)

63 — Newmarket. Suite de six pièces gravées au burin, représentant les Courses de Newmarket au commencement du XVIIIe siècle. On n'en connaît aucune suite complète; de la plus grande rareté.

Superbes épreuves.

POLLARD (J.)

64 — Newmarket Races. Cette pièce, une des plus jolies des estampes sur les courses, dessinée et gravée par Pollard, en couleur, est d'une extrême rareté; publiée par R. Pollard en 1819.

Superbe épreuve, encadrée.

65 — Ascot Heath Race for his Majesty's Gold Plate. Publié en 1826 par R. Pollard à Holloway, en couleur.

Cette estampe représente Château-Margaux, à M. Wyndham, gagnant la Coupe d'or du Roi à Ascot, en juin 1826. Superbe épreuve. Très rare. Encadrée.

POLLARD (d'après JAMES)

66 — Goodwood Races. Gravé par H. Pyall. Cette pièce représente la fin de la course pour la Coupe de Goodwood de 1834, gagné par Rubini à Mr Kent.

Superbe épreuve en couleur, grandes marges. Très rare.

67 — Northampton. Grand Steeple Chase, March. 23rd 1833. Suite de six pièces en couleur gravées par H. Pyall et publiées par Th. Mac Lean en 1833.

Cette suite, très rare, est accompagnée de la clef, plus

POLLARD (d'après J.)

rare encore, publiée sous ce titre : « A Key to the Northampton Grand Steeple Chase », et reproduisant en petit la première planche de la suite, avec légende en bas, donnant tous les noms des chevaux et des jockeys qui les montent.

Superbes épreuves, marges.

68 — The Race for the Derby Stakes at Epsom. 1828. The Duke of Rutland's horse Cadland, beating Mr Petre's horse Colonel, after having run a dead heat. Gravé par R. G. Reeves et publié par Mac Lean. 1828. En couleur.

Superbe épreuve, encadrée. De la plus grande rareté.

69 — Doncaster Races. Race for the great Saint-Leger Stakes. 1836. Suite de quatre pièces en couleur, gravées par Harris, publiées en 1837 par Ackermann.

Superbes épreuves, marges. Encadrées. Rares.

70 — Royal Hunt in Windsor Park, — His Majesty King Geo. III, returning from hunting. Deux pièces en couleur faisant pendants, gravées par Dubourg et publiées en 1820 par Ed. Orme.

Superbes épreuves avec marges. Rares.

POLLARD (d'après J.)

71 — The Celebrated Horse Glaucus at Ascot Races beating Rockingham and Samarcand. Gravé par C. Pyall et publié par Th. Mac Lean en 1834. En couleur.

Superbe épreuve, encadrée. Rare.

POLLARD ET DUBOURG

72 — Panoramic View of British Horse Racing. The race for the Saint-Leger Stakes of 1812; on Doncaster Course. Pièce en couleur, en forme de frise, d'après Clifton Thomson, of Nottingham, publiée par E. Orme en 1812.

Superbe épreuve avec marge. Rare.

POLLARD (published by R.)

73 — The Racer, — The Hunter. Deux pièces en couleur publiées en 1802.

Très belles épreuves, encadrées.

ROWLANDSON (T.)

74 — Weighing, — Mounting, — Racing, — Between Heats. Suite de quatre pièces en couleur publiées par J. Harris en 1798.

Superbes épreuves, dont trois avant la lettre (titres en manuscrit). Rares.

ROWLANDSON (T.)

75 — A Cart Race. En couleur, publié par J. Harris en 1788.

Très belle épreuve, encadrée.

76 — Le Départ de la diligence. En couleur, publié par S. W. Fores en 1793.

Petite pièce très rare représentant la cour de l'*Auberge de l'Ange* (*The Angel*), à Islington, hôtellerie célèbre de Londres au siècle dernier, et qui était le point de départ des malles-postes pour le nord de l'Angleterre.

Superbe épreuve avant la lettre, grande marge.

77 — Raising the Wind. Caricature sur les amateurs de courses, — Jeune Seigneur et Usuriers. Publiée en 1805 par l'auteur. En couleur.

Très belle épreuve, encadrée.

78 — A Print Sale. 1788. Gravé à l'eau-forte.

Très belle épreuve en noir. Rare.

79 — The Passengers from the Waggon arriving at the inn. D'après G. M. Woodward, publié en 1800, par R. Ackerman. En couleur.

Très belle épreuve.

ROWLANDSON (T.)

80 — Grog on Board. Pièce importante de mœurs, publiée en 1789.

Superbe épreuve en couleur. Rare.

81 — Tea on Shore. Pièce importante de mœurs, publiée en 1794 par S. W. Fores.

Superbe épreuve en couleur. Rare.

82 — The Sad discovery, or the graceless apprentice. En couleur, publié en 1786 par Voilarian.

Très belle épreuve.

83 — Nap in the Country, — Nap in Town. Deux pièces faisant pendants, gravées sur une même planche en 1785 et publiées chez S. Alken.

Superbes épreuves en noir.

84 — Place de Mier at Antwerp, — Feyge Dam with part of the Fish Market at Amsterdam. Deux pièces en couleur faisant pendants, gravées par Wright et Schultz, publiées en 179[illegible], par R. Ackermann.

Superbes épreuves. Rares.

ROWLANDSON (T.)

85 — Undertakers Regaling. D'après J. Nixon, en couleur. Belle pièce en largeur publiée par R. Ackermann en 1811.

Superbe épreuve, grande marge.

86 — A Bird's Eye view of Covent Garden Market taken from the Hummums. Gravé par Bluck, d'après Pugin et Rowlandson, et publié par R. Ackermerman en 1811. En couleur.

Superbe épreuve avec marge. Rare.

87 — The Overdrove Ox. Belle pièce en largeur, publiée en 1790, par W. Holland. En couleur. C'est le Pont de Westminster à Londres au siècle dernier.

Superbe épreuve. Rare.

88 — Liberality and Desire, — Lust and Avarice. Deux pièces faisant pendants, publiées par Rowlandson en 1788. En couleur.

Très belles épreuves.

89 — The Pursuit. Grande et belle pièce en couleur publiée par Rowlandson en 1791.

Superbe épreuve. Rare.

ROWLANDSON (T.)

90 — The Nursery, — School for Gallantry, — Public School, — Private School, — School for Honour, — School for Modern Greeks, — University. Suite complète de sept pièces en couleur connues sous le nom : Les Sept étapes de l'école de l'homme, publiées chez Rowlandson en 1802.

Superbes épreuves avec marges. Rares.

91 — Box Lobby Loungers. D'après H. Wigstead. Grande et belle pièce en largeur, imprimée en bistre.

Superbe épreuve, représentant le foyer du théâtre de Covent Garden à Londres, à la fin du siècle dernier (1786).

92 — Patriotic Dinner. Representation of the meeting held at the city of London tavern, on Tuesday, the 14th December. 1813, to celebrate the glorious event of the emancipation of Holland from the usurpation of the tyrant of France. Grande pièce avec légende en bas publiée chez R. Ackermann en janvier 1814. Les figures dessinées par Rowlandson, l'architecture par J. Shepherd, et gravé par R. Reeves. En couleur.

Superbe épreuve. Rare.

ROWLANDSON (T.)

93 — The Pea Cart. Jolie pièce en couleur publiée par S. W. Fores.

Superbe épreuve. Rare.

94 — A Christening. 1790. En couleur.

Très belle épreuve. Rare.

95 — La Place Victoire à Paris. Une des plus jolies et des plus importantes pièces du maître, gravée par S. Alken. En couleur.

Très belle épreuve.

96 — An Italian Family. Une des plus jolies et des plus importantes pièces du maître, gravée et publiée par S. Alken en 1785. En couleur.

Superbe épreuve.

97 — Deux jeunes femmes assises en regard l'une de l'autre, sur une même planche. Publiée par S. W. Fores en 1791. En couleur.

Superbe épreuve. Rare.

98 — A Sudden Squall in Hyde Park, — Inn-Yard on fire. Deux pièces faisant pendants, gravées à l'eau-forte par Rowlandson, ter-

minées à l'aquatinte par T. Malton et publiées en 1791 par S. W. Fores. En couleur.

Superbes épreuves. Rares.

99 — Music has charms to soothe the savage breast, — T'is not antiques alone can please the eye. Deux pièces en couleur faisant pendants, gravées et publiées par T. Smith en 1786.

Très belles épreuves. Rares.

100 — Studious Gluttons. Pièce importante satirique, gravée et publiée en 1788. En couleur.

Superbe épreuve.

101 — Side Box Sketches. Quatre sujets sur une même feuille, gravés par S. Alken et publiés en 1792 par S. W. Fores. En noir.

Très belles épreuves et très rares sur la même feuille avant la découpure de la planche.

102 — The Disappointed Epicures. Grande et belle pièce en largeur, dessinée par Rowlandson en 1787 et publiée en 1790 par W. Holland.

Superbe épreuve en couleur. Rare.

ROWLANDSON (T.)

103 — Who's mistress now, — A Snip in a rage. Deux pièces en couleur faisant pendants, publiées en 1802 par S. Howett.

Très belles épreuves.

104 — The Glorious victory. Obtained over the French fleet of the Nile the 1st of August 1798 by the gallant Admiral Lord Nelson, of the Nile, — Admiral Nelson recreating with his brave Tars after the glorious battle of the Nile. Deux pièces, publiées en 1798 par R. Ackermann.

Très belles épreuves. Rares.

105 — The doctor called up or the false alarm. Publié par E. Jackson, sans date.

Très belle épreuve en couleur.

106 — Englishmen in November, — Frenchmen in November. Deux sujets en forme de frises, sur une même feuille, publiés en 1788 par S. W. Fores.

Très belle épreuve.

ROWLANDSON (T.)

107 — A Master of the ceremonies introducing a partner. Publié en 1795 par S. W. Fores. En couleur.

Très belle épreuve.

108 — Breaking up of the Blue Stocking Club. publié en 1815 par T. Tegg. En couleur.

Très belle épreuve.

109 — Dutch Merchants, — A Dutch Abbess and her Nymphs, sketched at Amsterdam. Deux pièces en couleur faisant pendants, publiées par S. W. Fores en 1796.

Très belles épreuves, marges.

110 — Benevolence. Gravé par S. Alken. Charmante pièce en couleur, où sont représentés à table, le Prince de Galles et deux autres personnages, à la porte d'une auberge ; publiée en 1792 par S. W. Fores.

Très belle épreuve. Très rare.

111 — The Brilliants. Grande et belle pièce en largeur, publiée en 1801 par R. Ackermann. En noir.

Très belle épreuve. Rare.

ROWLANDSON (T.)

112 — Reconciliation; or the return from Scotland. Pièce satirique publiée sur le Prince de Galles et la Princesse, publiée en 1785 par W. Hinton. En couleur.

Très belle épreuve, marge.

113 — Miseries personal. En couleur, publié en 1807 par R. Ackermann.

Très belle épreuve.

114 — A Table d'hote, or french ordinary in Paris. En couleur, publié en 1810 par T. Tegg.

Très belle épreuve.

115 — Too many for a Jew. Pièce imprimée en bistre et publiée en 1785 par S. Alken.

Très belle épreuve. Rare.

116 — The Triumph of hypocrisy. D'après S. Collings. En couleur.

Très belle épreuve. Rare.

117 — The Soldier's Departure. Jolie pièce en couleur, publiée en 1799 par R. Ackermann.

Très belle épreuve.

ROWLANDSON (T.)

118 — Saint-James's, — Saint-Giles's. Deux compositions en contraste sur une même planche, d'après H. Wigstead, publié par Rowlandson en 1792. En couleur.

Superbe épreuve, grande marge. Rare.

119 — Bills of exchange, — Cash. Deux pièces faisant pendants, sur une même planche, publiées en 1800 par R. Ackermann. En couleur.

Très belles épreuves, marges.

120 — The light horse volunteers of London and Westminster, commanded by Col[l] Herries, reviewed by his Majesty on Wimbledon Common 5th July. 1798. Pièce en couleur, publiée en 1798 par H. Angelo.

Superbe épreuve.

121 — Preparing to Start. En couleur.

Très belle épreuve.

122 — Philosophorum, Fancynina, Epicurum, — Funeralorum, Virginia, Hazardorum, — Battleorum, Billingsgatina, Traficorum, —

ROWLANDSON (T.)

Barberorum, Flora, Lawyerorum. Suite de quatre pièces en couleur, à trois sujets sur une même feuille, publiées chez R. Ackermann en 1800.

Superbes épreuves avec marges. Rares.

123 — A Sketch from Nature. Jolie pièce de mœurs, en couleur, gravée par W. P. Carrey et publiée chez J. R. Smith en 1784.

Superbe épreuve avec marge. Rare.

124 — La même estampe.

Superbe épreuve en noir.

125 — The Triumph of Sentiment. En couleur.

Très belle épreuve.

126 — Death and Bonaparte. Pièce en couleur, d'une rareté extrême, publiée chez R. Ackerman, 1814.

Superbe épreuve.

127 — O Tempora! O Mores! Gravé par S. Alken, en couleur.

Superbe épreuve d'une des belles pièces du maître. Rare.

ROWLANDSON (T.)

128. — The Jockey Club, or Newmarket meeting. Pièce en couleur publiée en 1811 par Th. Tegg.

Très belle épreuve.

129. — A Magic Lantern. Gravé par Merke et publié chez Ackermann, 1799.

Très belle épreuve d'une curieuse estampe imprimée et préparée en vue d'obtenir des effets de transparence en la tenant à la lumière. La maison Ackermann publia plusieurs pièces de ce genre vers 1800; mais celles préparées par Rowlandson sont très rares.

130. — The Dying Patient, or doctor's last fee. Pièce en noir, publiée chez H. Brockes, 1786.

Très belle épreuve.

131. — Going out in the morning, — Return'd from a fox chace. Deux pièces en couleur faisant pendants.

Très belles épreuves. Rares.

132. — Tithe Pig. Pièce en couleur publiée chez S. W. Fores en 1790.

Très belle épreuve.

ROWLANDSON (T.)

133 — Intrusion on study, or the painter disturbed. Jolie pièce en couleur publiée par James Sidebotham.

Superbe épreuve avec marge. Rare.

134 — My Wife! Six sujets sur une même feuille avec vers au-dessus de chaque sujet. Pièce en couleur publiée chez J. Sidebotham en 1815.

Très belle épreuve. Rare.

135 — A Counciller, — An Epicure. Deux pièces en couleur faisant pendants, publiées chez S. W. Fores en 1801.

Très belles épreuves.

136 — Paysages animés de figures, d'après Gainsborough. Suite de quatre pièces imprimées en bistre.

Très belles épreuves. Rares.

137 — Recovery of a dormant title, or a breeches maker become a lord. Pièce en couleur publiée chez Rowlandson en 1805.

Très belle épreuve, marge.

ROWLANDSON (T.)

138 — Waiting for Dinner, — At Dinner. Deux pièces en couleur faisant pendants.

Très belles épreuves.

139 — « Nil amplius opto. » I am at the summit of my wishes. Pièce gravée à l'eau-forte et imprimée en bistre, publiée chez H. Brokes.

Très belle épreuve. Très rare.

140 — Billingsgate Brutes. Pièce en couleur publiée chez S. W. Fores en 1795.

Très belle épreuve, marge.

141 — The Golden Apple, or the modern Paris. Jolie pièce en couleur publiée chez J. Phillips (1785). Les personnages représentés sont : le prince de Galles, la duchesse de Rutland, la duchesse de Gordon et la duchesse de Devonshire.

Superbe épreuve avec marge. Rare.

142 — An artist travelling in Wales. Gravé par Merke et publié chez R. Ackerman en 1799. En couleur.

Superbe épreuve.

ROWLANDSON (T.)

143 — Six Stages of marking a face, — Six Stages of mending a face. Deux pièces en couleur publiées chez J. W. Fores, 1792.

Très belles épreuves. Rares.

144 — Jockeyship. 1785. Pièce en noir, publiée chez J. R. Smith.

Très belle épreuve.

145 — Les Boueux, — Le Roulier arrivant à une porte d'auberge. Deux pièces faisant pendants gravées en 1785, en noir.

Superbes épreuves à l'eau-forte et avant la lettre, marges.

146 — View on the french coast, 1787. A l'eau-forte.

Très belle épreuve.

147 — Paysage avec cascade sur le devant. En couleur.

Très belle épreuve.

148 — Satyre regardant une nymphe nue endormie, d'après Poussin, — Vénus sur un lit de repos, d'après Titien, — Andromède, d'après Stella. Trois pièces gravées à l'eau-forte.

Très belles épreuves avant la lettre.

ROWLANDSON (T.)

149 — A Cully Pillag'd, 1784. En couleur, publié par J. R. Smith.

Très belle épreuve.

150 — Going a Going, 1785. Jolie pièce en couleur publiée chez J. R. Smith en 1785.

Très belle épreuve. Rare.

151 — La Sultane favorite. 1787. Gravé à l'eau-forte.

Très belle épreuve en noir.

152 — La Famille du marin. 1787. Jolie pièce gravée à l'eau-forte.

Superbe épreuve avant la lettre, en noir. Rare.

153. — A Fencing Match. 1788. Pièce gravée à l'eau-forte.

Très belle épreuve en noir.

154 — Sly-Boots. Jolie pièce in-4 de forme ovale, publiée chez S. W. Fores en 1802.

Très belle épreuve en couleur.

ROWLANDSON (T.)

155 — Embarking from Brigthelmstone to Dieppe. 1787. Pièce gravée à l'eau-forte.

Très belle épreuve en noir. Rare.

156 — Emanuel College Garden, Cambridge. 1810. Gravé à l'aquatinte et publié par Ackerman.

Très belle épreuve en noir.

R... F... ET GILLRAY (attribué à)

157 — A view of Newmarket Heath, taken from Davis's straits. Caricature en couleur, publiée en 1807 par Humphrey. Portrait de Davis, spéculateur célèbre.

Très belle épreuve, encadrée. Très rare.

SARTORIUS (d'après J.-N.)

158 — Epsom, Derby Sweepstakes. Gravé à l'aquatinte par J. W. Edy, publié à Londres en 1792.

Superbe épreuve en couleur, représentant la fin de la course du Derby anglais en 1791, gagné par *Eager*, au duc de Bedford. De la plus grande rareté.

SARTORIUS (d'après J.-N.)

159 — *Grey Diomed*, cheval de course appartenant au duc de Bedford. Gravé par R. Dodd, publié en 1792 par R. Pollard.

Très belle épreuve.

SARTORIUS (d'après F.)

160 *Chatsworth*, the property of Mr Wentworth. En couleur, publié par R. Sayer en 1770.

Très belle épreuve, remmargée. Encadrée.

SEYMOUR (d'après)

161 — The Watering place at Newmarket, with a view of the course and the string of horses. Gravé par J. Thompson. Pièce très rare, dédiée au duc de Devonshire par l'éditeur R. Sayer vers 1780.

Très belle épreuve.

SHAYER (d'après W.-J.)

162 — Steeple-chase incidents, — Coaching incidents. Deux pièces en couleur faisant pendants, gravées par E. G. Hester et publiées en 1875 par A. Ackermann.

Superbes épreuves. Encadrées.

STUBBS (d'après G.)

163 — *Volunteer.* Portrait de cheval, gravé par Townly-Stubbs et publié en 1794. C'est un produit du célèbre Eclipse, né en 1780.

Trè belle épreuve.

164 — Stallion and Mare. Gravé en couleur par G. Townly-Stubbs, publié en 1791 par T. Simpson.

Superbe épreuve, toute marge.

TURNER (gravé et dessiné par CHARLES)

165 — *Mr Saml Chiffney.* Un des plus célèbres jockeys de l'Angleterre, qui montait vers la fin du siècle dernier et au commencement du dix-neuvième, principalement pour le prince de Galles, qui fut plus tard George IV, roi d'Angleterre; publié à Londres en 1807.

Superbe épreuve en couleur avec marges. De la plus grande rareté.

166 — La même estampe.

Superbe épreuve à la manière noire, marges. Rare.

167 — Preparing to start, — Coming in. Deux pièces en couleur faisant pendants, d'après

TURNER (gravé et dessiné par CHARLES)

J. L. Agasse. Dédiées à Lord Francis Spencer et G. Stratton Esqr, publiées par C. Turner en 1803.

Superbes épreuves. Rares.

TURNER (d'après F.-C.)

168 — Darley Arabian, — Roxana (by Flying Childers out of Monica, by Darley Arabian), — Godolphin Arabian, — Scham (Descendant of the eastern kings of the wind, and regenerator of the breed of the present race of english thorough bred horses). Deux pièces faisant pendants, gravées par J. S. Mackrell et publiées par Mac Cormick. Ce sont les grands-parents du célèbre cheval Eclipse.

Superbes épreuves en couleur. Rares.

169 — The race for the Tradesmen's Plate, Chester, 1839. (Eighteen started, only three placed). Gravé par J. Harris et publié en 1840 par Th. Mac Lean, en couleur.

Superbe épreuve. Rare.

WALTER (d'après H.)

170 — Stage Waggon. Gravé par H. Pyall, en couleur.

Très belle épreuve, encadrée.

WIGSTEAD (d'après H.)

171 — The Bachelor, gravé par S. Alken et publié, en 1786, par H. Brookes. En couleur.

Superbe épreuve avec marge. Rare.

WOLSTENHOLME (d'après)

172 — Chasse au lièvre. Suite de quatre pièces en couleur, gravées et publiées par R. Reeve en 1807.

Superbes épreuves avec marges. Très rares.

173 — Fox Chace. Suite de quatre pièces en couleur, gravées par R. Reeve et publiées, en 1817, par J. Bungis.

Superbes épreuves, encadrées, marges vierges, non ébarbées. Rares.

WOLSTENHOLME (d'après)

174 — Full Cry. Hounds Crossing the Brighton Road at Mersham. Gravé par D. Wolstenholme jeune et publié, en 1824, par J. Brooker. En couleur.

Superbe épreuve, encadrée, toute marge.

DESSINS

CONDAMY (DE)

175 — Promenades à cheval. Deux pendants.

Aquarelles, encadrées.

ÉCOLE FRANÇAISE

176 — Cheval de course dans son écurie.

Aquarelle, signée du monogramme S. W., 1842. Encadrée.

LEECH (JOHN)

177 — While there's life, there's hope.

Aquarelle, encadrée.

MASSON (F.) ET BERTRAND (A.)

178 — Chasse au perdreau, — Chasse à la bécassine.

Deux dessins à la plume, sur papier spécial, signés. Ont été gravés dans une publication moderne. Encadrés.

PENICAUT

179 — Minting, gagnant du Grand Prix de Paris, 1886. A été gravé pour le journal *l'Art et la Mode*.

Dessin à la plume, encadré.

LIVRES

180 — ALBUM CARICATURAL. Souvenir d'une journée de courses au Mans, offerte par le comte de L... B... (La Bigne), par Arthur X... Angers, 1865.

Suite composée d'un frontispice et de cinq lithographies humoristiques sur les courses, dans la couverture de publication. Très rare, tiré à un petit nombre d'exemplaires seulement.

181 — ALKEN (H.). The National Sports of Great Britain, by Henry Alken. Fifty engravings with descriptions. London, Mc Lean, 1825. Gr. in-4, 50 fig. color., demi-rel., tr. dor.

Un des plus rares ouvrages d'Alken, contenant cinquante planches en couleur concernant tous les sports, avec description pour chaque planche.

182 — EGAN (PIERCE). Life in London; or, the day and night scenes of Jerry Hawthorn, esq. and his elegant friend Corinthian Tom, accompanied by Bob Logic, the Oxonian in their rambles and sprees through the Metropolis. London, Sherwood, Nelly and Jones.

LIVRES

Paternoster Row. 1822. Un vol. gr. in-8, cart., non rog., fig. en col.

Superbe exemplaire de la première édition, avec les trente-six planches de *Cruikshank*. Très rare dans le cartonnage imprimé de l'époque.

183 — Harrison (W. H.). The Humourist, a companion for the Christmas fireside. Embellished by fifty engravings exclusive of numerous vignettes from designs by the late T. Rowlandson. London Ackermann, 1831. Un vol. in-12, mar. vert, tr. dor. (Reliure de l'éditeur.)

Très curieux ouvrage publié six ans après la mort de Rowlandson; les planches gravées sur bois d'après les dessins que l'éditeur avait conservés.

184 — The Microcosm of London. Ouvrage dédié au prince de Galles. London, Ackermann (1808-1809). 3 vol. gr. in-4, demi-reliure de l'éditeur.

Très bel exemplaire d'un ouvrage très estimé, contenant cent quatre planches en couleur. C'est Rowlandson qui dessina les personnages; Pugin s'occupa de l'architecture. Curieuse suite de gravures illustrant la vie à Londres au commencement du siècle.

LIVRES

185 — Rowlandson. The History of Johnny Quæ-Genus, the Little Foundling of the late Doctor Syntax, a poem by the author of the three Tours. London, Ackermann, 1822. Un titre et vingt-trois planches en couleur, dessinées et gravées par Rowlandson. Un vol. in-8, demi-rel.

Très rare *première* édition, avec les erreurs de pagination décrites sur la feuille explicative qui suit la table des matières. Cette faute n'existe que dans la toute première édition.

186 — Journal of Sentimental Travels in Southern Provinces of France shortly before the Revolution. London, Ackermann, 1821. Un vol. gr. in-8, rel. demi-mar. rouge avec coins. Reliure anglaise (Rivière and Sons).

Superbe exemplaire non rogné. Dix-huit planches en couleur dessinées et gravées par Rowlandson. Première édition. Rare.

187 — The Dance of Life, a poem by the author of Doctor Syntax illustrated with coloured engravings, by Thomas Rowlandson. London, R. Ackermann, 1817. Un vol. gr. in-8,

vingt-six planches en couleur, rel. toile orange, non rogné.

Superbe exemplaire de la première édition, ouvrage estimé et très rare dans cette condition, c'est-à-dire dans la reliure de l'éditeur.

188 — The Tour of Doctor Syntax in Search of the Picturesque, — The Second Tour of Doctor Syntax in Search of Consolation, — The Third Tour of Doctor Syntax in Search of a Wife. London, R. Ackermann, 1819-1820. 3 vol. gr. in-8. Planches en couleur par Rowlandson, rel. toile orange, non rog.

Il est rare de trouver les trois volumes des *Aventures du Docteur Syntax* reliés dans la toile de l'éditeur avec les fers spéciaux de la maison Ackermann.

189 — The Adventures of Johnny Newcome in the Navy, a poem, in four cantos with plates by Rowlandson, by Alfred Burton. London, W. Simpkin, 1818. Un vol. in-8, première édition, demi-rel.

Ouvrage peu commun. Seize planches en couleur dessinées par Rowlandson et gravées par Read.

190 — Chesterfield Travestie; or School for modern Manners. Embellished with ten carica-

tures, engraved by Woodward from original drawings by Rowlandson. London, T. Tegg, 1808. Un vol. pet. in-8, cart., non rog.

Très rare dans son état de publication. Première édition.

191 — The Military Adventures of Johnny Newcome with an account of his Campaign on the Peninsula and in Pall-Mall, by Rowlandson and notes by an officer. Second edition. London, Patrick Martin, 1816. In-8 cart., fig. col., entièrement non rogné et non coupé.

Très rare dans cet état, c'est-à-dire dans son cartonnage de publication. Un frontispice et quatorze planches coloriées par Rowlandson.

192 — Naples and the Campagna Felice. London, Ackermann, 1815. Un vol. dem.-mar. rouge avec coins, reliure anglaise (Rivière and Sons).

Superbe exemplaire non rogné, contenant les planches en couleur par Rowlandson. Première édition. Très rare.

193 — The Grand Master or Adventures of Qui-Hi? in Hindostan, a Hudibrastic poem in eight cantos by Quiz. Illustrated with engra-

vings by Rowlandson. London, Thomas Tegg, 1816. Un frontispice plié, un titre et vingt-six planches en couleur de Rowlandson. Un vol. in-8, mar. de l'époque.

Très rare dans cet état de conservation avec de si grandes marges. Première édition.

194 — SMOLLET. The Expedition of Humphrey Clinker by Tobias Smollet, M. D. with ten plates by T. Rowlandson, in two volumes. London, H. D. Symonds, 1793. Deux tomes en un volume in-8, rel. mar. pl. citron. Dix grav. par Rowlandson.

195 — Thirteen etchings illustrative of striking passages in Tom Jones and Joseph Andrews, designed by Thomas Rowlandson. Edinburgh, C. Elliot, 1808. Couv. non rog. État de publication.

Suite complète de treize sujets dessinés par Rowlandson, épisodes tirés des ouvrages suivants : *Tom Jones* et *Joseph Andrews*, par Smolett. Rare.

196 — VERSAILLES. Paris and Saint-Denis, or a series of views from Drawings made on the Spot, by J.-C. Nates, illustrative of the capi-

LIVRES

tal of France, and the surrounding places. With historical and descriptive account. London, Miller, s. d. (1805-1809). Gr. in-fol., cart., non rog.

Suite complète de 40 planches en couleur sur Paris et ses environs au commencement du siècle, gravées par Hill. Très rare.

de Greffuhle

Freudeberg Le Lever — Le Coucher

Moreau Le Lever

La Course de Chevaux

La Petite Loge

Imprimerie D. Dumoulin et Cᵉ, à Paris.

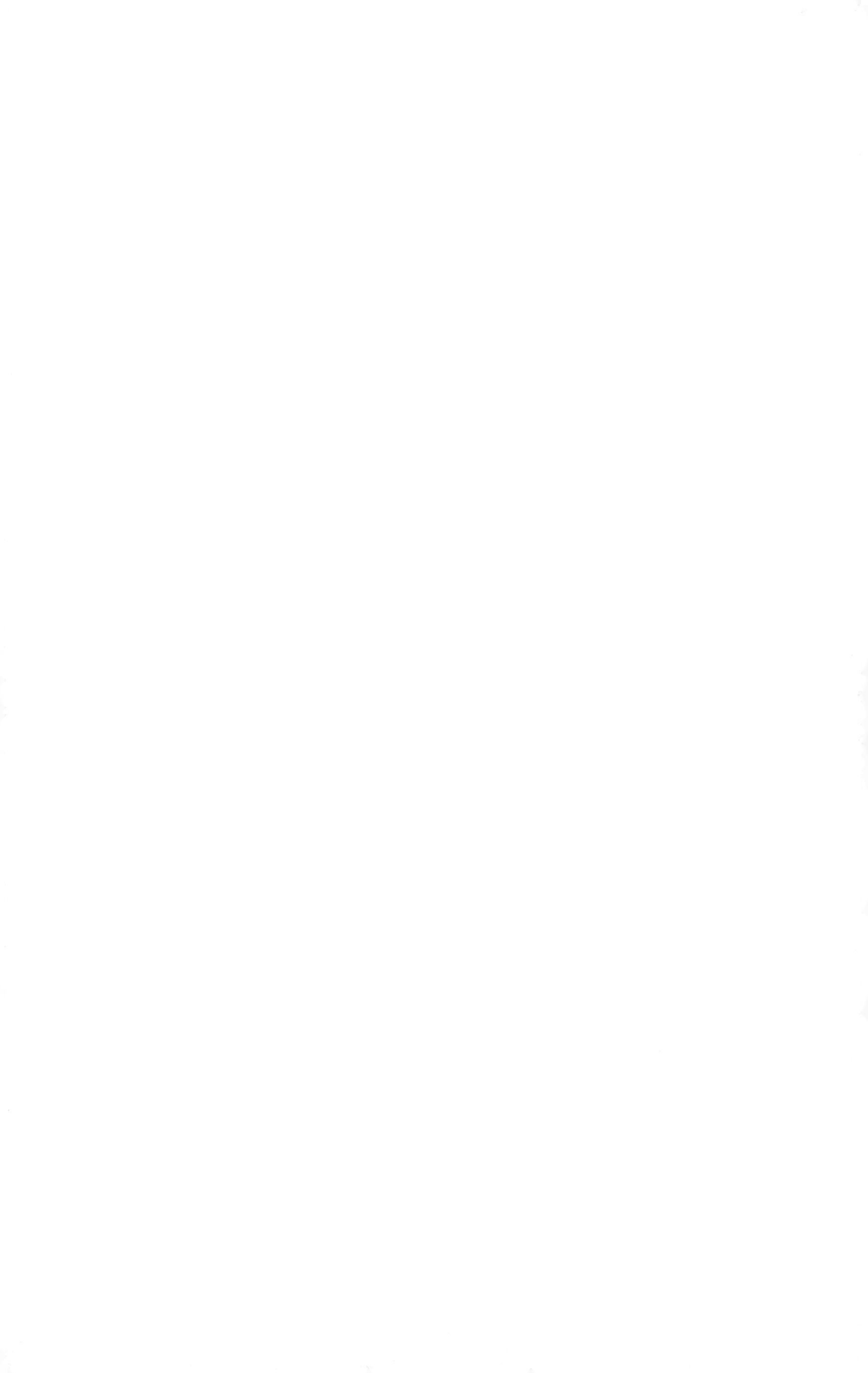

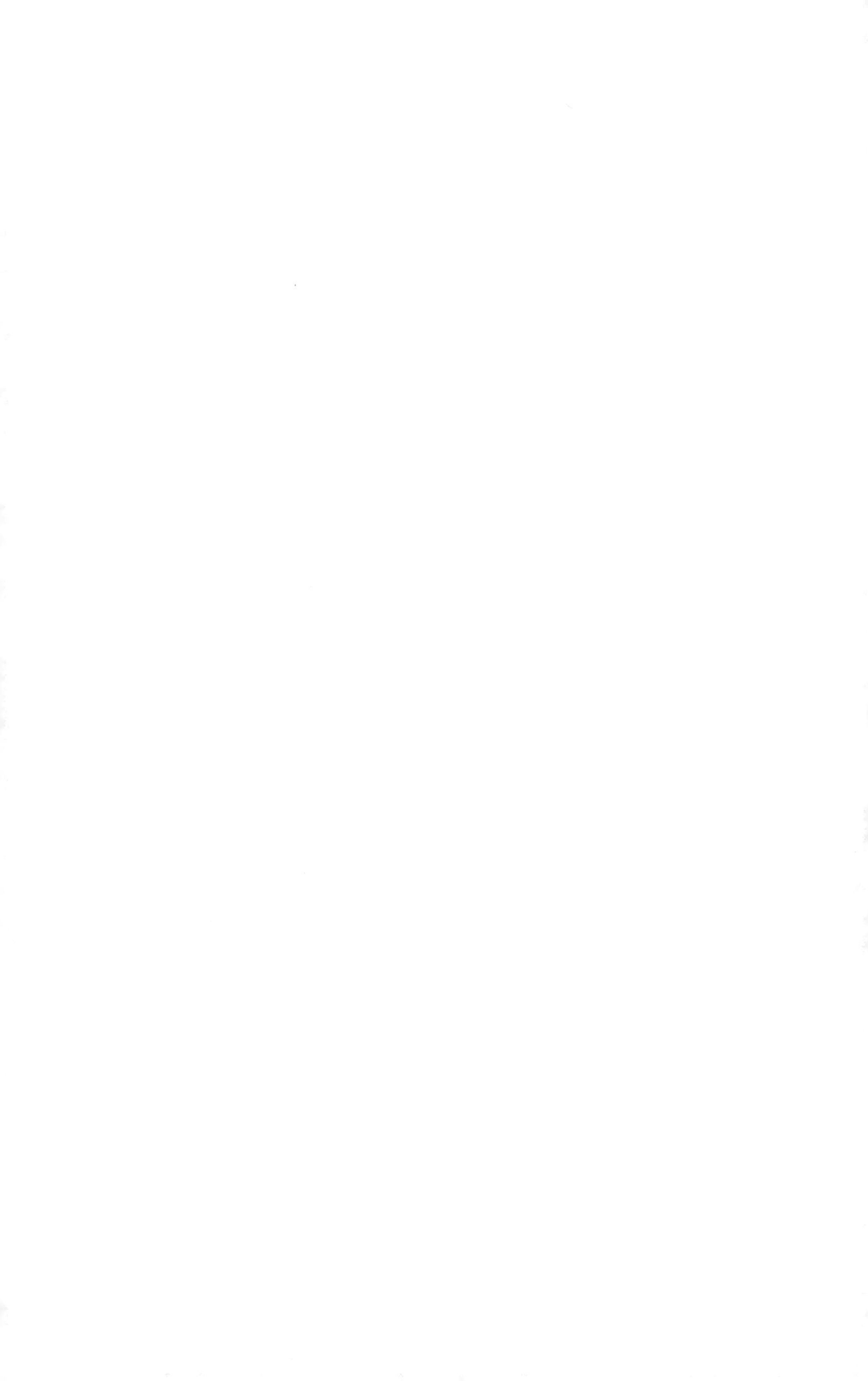

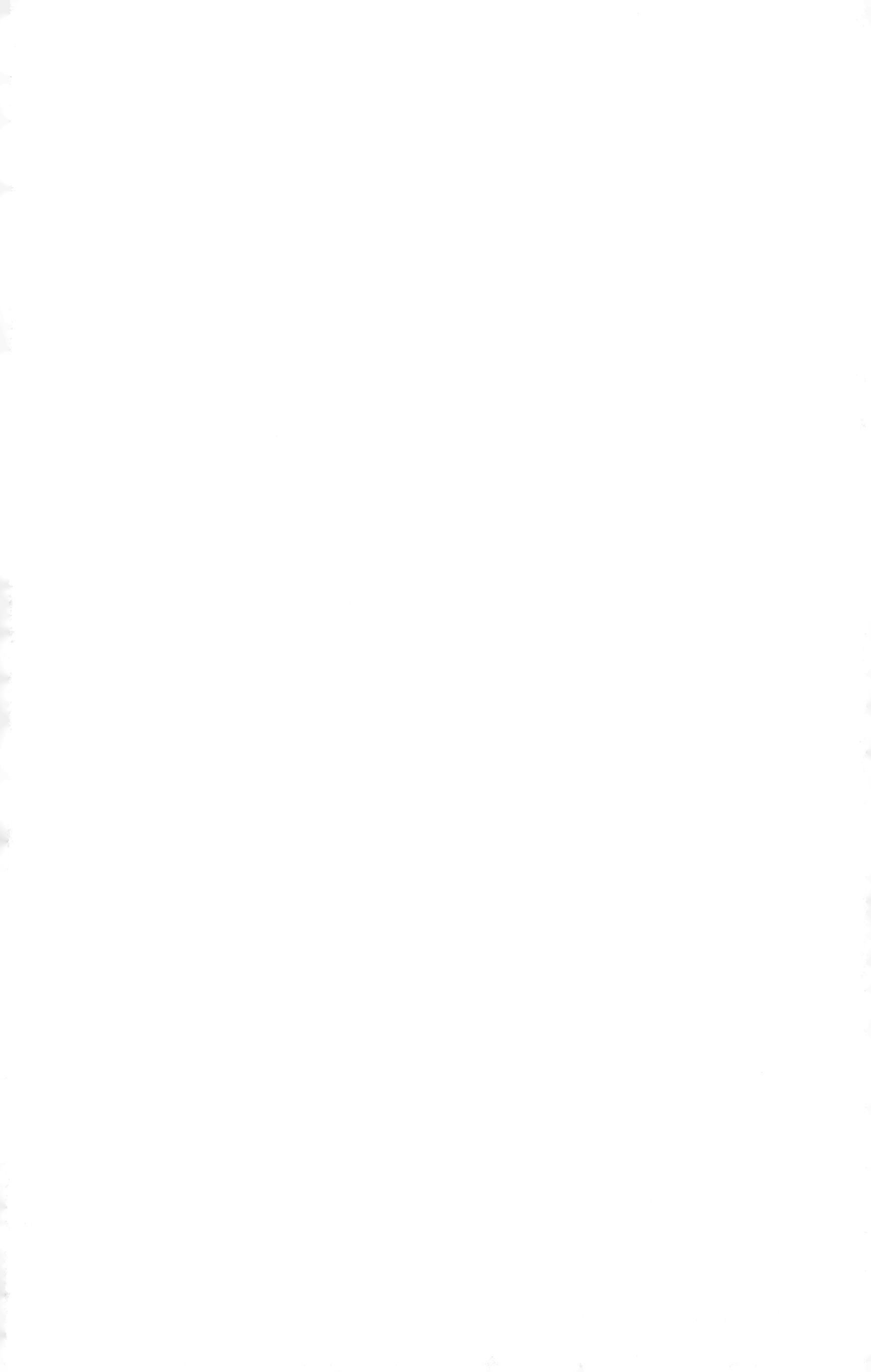

www.ingramcontent.com/pod-product-compliance
Lightning Source LLC
LaVergne TN
LVHW010624110826
845149LV00003B/1038

* 9 7 8 2 0 1 4 4 7 1 2 1 2 *